RÉVÉLATION

DE

BEAUCOUP DE

SECRETS.

Explication de beaucoup d'Enigmes.

RÉVÉLATION

DE BEAUCOUP DE SECRETS,

EXPLICATION

DE BEAUCOUP D'ÉNIGMES,

DANS UN TRÈS-RAPIDE APPERÇU;

Où

Le calcul des probabilités morales et politiques, est géométriquement suivi.

Se trouve chez les Marchands de Nouveautés.

OCTOBRE 1799.

AVIS PRÉLIMINAIRE.

Cet ecrit est tout prét depuis le second jour de l'arrivée de Bonaparte à Paris. Vainement lui a-t-on cherché un imprimeur. Vainement en a-t-on trouvé. Ils se sont désistés le jour de ce dont ils étaient convenus la veille. Enfin, un homme a pris sur lui de s'en charger. La difficulté d'obtenir *un si rare courage* peut elle seule nous faire juger quelle est, ou quelle était, notre situation morale et politique.

Aujourd'hui, à quelques paragraphes ou à quelques lignes près., qui rentrent plus particulièrement dans le rang des spéculations ou des conjectures (et que je marquerai exprès d'une astérisque à la marge) On peut en quelque sorte, à côté de chaque probabilité, lire la réalité ; à côté de chaque supposition, voir l'execution; et à côté de chaque forte présomption trouver la preuve. Puis ensuite peser le reste, et se servir du tout pour avoir la clef de presque tout ce qui nous attend encore.

RÉVÉLATION

De beaucoup de Secrets ,

EXPLICATION,

De beaucvup d'Enigmes ;

DANS UN TRÈS - RAPIDE APPERÇU ;

Où

Le catcul des probabilités morales et politiques , est géométriquement suivi.

Aux vrais et fidèles Français :

Que tout ceci ne vous trouble en rien.

L'arrivée de Bonaparte est en pleine contradiction avec la grande proclamation de ses magnifiques victoires. Mais il fallait ces victoires pour lui ménager une brillante et triomphante arrivée.

Ce retour, puisqu'il est encore vivant, n'étoit pas physiquement impossible ; mais il n'auroit jamais eu lieu sans des conventions secrettes, sans le consentement spécial de l'Angleterre ou de la Turquie.

Il y a là-dessous quelque grand *secret-dessein ,* dont vous ne tarderez pas à voir l'issue.

Ressouvenez-vous, je vous l'ai déjà dit, que tout est possible HORMIS LA RÉPUBLIQUE.

On a pour premier pressant objet de planter un grand épouvantail pour toute l'innombrable *volaille* française , et sur-tout parisienne.

A 2

Pour second, de terrorifier par-là les terroristes, et toutes les hordes d'anthropophages qui espèrent toujours se faire suivre par cette immense volaille ou qui sont même décidés à se passer d'elle s'il le faut, en risquant tout pour tout.

Le troisième et PRINCIPAL, (puisque les deux premiers ne sont que pour y parvenir) est, comme je vous en prévenois par de la prose et des vers du 14 juillet dernier, DE VOUS DONNER UN FAUX LOUIS.

Mais la fausse monnaye comme on sait, n'a jamais eu un long cours.

Or, pour parvenir à vous donner ce LOUIS FAUX, il a fallu passer au grand creuset de la frayeur et de l'égoïsme, toutes les ruses des négociations, toutes les subtilités de la plus infernale politique.

Le résultat de cette urgente délibération a pu être :

Une division de la coalition ;

Le détachement de quelques fédérés ;

De grandes offres à l'Angleterre ;

De grandes offres à la Turquie ;

De grandes promesses à la Prusse ;

Un traité secret préliminaire entre l'Espagne, la Prusse, la Turquie et l'Angleterre ;

La possibilité pour celle-ci, d'en user avec la France comme il lui plaira, n'ayant plus d'engagement a remplir vis-à-vis la coalition ;

La cessation de toutes les craintes par l'anéantissement de la grande charte des réactions et des vengeances;

La promesse formelle aux scélérats de toute caste, de garantir leur vie, leur liberté, leur sûreté, leur propriété.

L'échange de toutes ces choses ne ruinera pas les conducteurs de la république : elle ne doit leur coûter qu'un faux Louis.

Tout cela fait et convenu, un vaisseau turc a

très-bien pu conduire Bonaparte , et les flottes anglaises le laisser passer. (a)

Mais Bonaparte n'est toujours que Bonaparte. Il n'a pas dans ses poches des armées, des trésors, des magasins. Il n'a pas le don de changer les idées, de faire aimer ce que tout le monde exècre , de créer des finances, d'anéantir la misère universelle et de faire sortir de terre des soldats tout vêtus, tout armés.

Il doit , il peut être la cheville ouvrière de cette nouvelle manœuvre politique , mais voilà tout.

Ce résultat . s'il a lieu , est sans doute affreux , mais il ensevelit à tout jamais l'abominable république ; c'est déjà un grand bien , et un roi toujours est le marche-pied d'un autre. Or , il ne peut y parvenir que par un renversement prémédité et combiné de l'ordre actuel. Ce doit être là son premier pas.

An surplus : ne voyant par-tout que le crime et l'immoralité ; n'appercevant par-tout que des poupées et des monstres ; ne voyant chaque jour réussir que des tigres et des bourreaux ; ne pouvant plus guères distinguer en France , à quelques rares exceptions près, que quatre grandes classes qui la composent toute entière, celle des Brigands, celle des lâches , celle des imbéciles , celle des fripons , classes aujourd'hui bien plus privilégiées que ne le furent jamais celle des prêtres et des nobles ; cherchant vainement un réduit où réside le courage et la vertu ; fixant inutilement mes yeux sur l'horison pour y voir déployer les bannières de l'honneur sous les ailes de la raison , de la piété et de la justice ; ayant tous les jours de nouvelles preuves que les forfaits sont parvenus au plus haut point et que nul repentir n'est encore à son aurore . je me recueille, je me concentre, je m'abandonne à toute la rectitude de mes réflexions, et je dis:

Qui peut m'autoriser à compter dès ce jour sur la fin de nos maux ? est-ce par notre sagesse politique, est-ce par nos vertus morales, est-ce par un solemnel regret de nos crimes que nous en avons mérité la cessation ? . . . ,

Si au contraire la France doit encor compter au nombre de tous ses autres fléaux la peste, l'horrible peste; il falloit bien que Bonaparte l'apportât ? car quel autre que lui auroît-on laissé entrer ? . . .

Ou, si c'est d'une autre manière que la France doit périr, (c) il falloit bien que l'ange EXTERMINATEUR DES FRANÇAIS , conservât la RÉPUBLIQUE.

Puis, sortant tout-à-coup de ces déchirantes pensées, et m'arrachant avec violence à ce tombeau d'horreurs dans lequel je me sens plongé, je secoue la téte, et je me dis encore :

Il n'est cependant pas impossible que les chefs actuels de la France, pour abbatre d'une main sûre l'hydre du patriotisme exclusif et pour mettre a exécution sans obstacle les conditions qui leur sont imposées par la coalition *fidèle et non divisée*, conditions auxquelles sont également attachées (et d'une manière plus solide et plus permanente,) la conservation de leur vie et leur garantie universelle se soient crus dans une nécessité absolue d'avoir Bonaparte avec eux. Or, dans cette vue. l'Angleterre et la Turquie peuvent tout naturellement avoir concouru à son retour. Les grands récits, les grandes victoires, les belles canonades, les audacieuses impostures ne sont que des mots, et d'utiles accessoires pour arriver a une grande fin. Que fera le mode lorsque le but sera rempli ?......

Dans la supposition de ses conquêtes et de sa paix avec le Turc il y a, avant de l'admettre , plusieurs absurdités à dévorer. Sur quoi basera-t-on cette variation si subite de la Cour Ottomane? Le caractère Turc est naturellement très-peu variable, très-peu léger et n'agit jamais avec cette précipitation.

Il faut donc avancer en même tems que d'un même coup Bonaparte a vaincu aussi les Anglais et traité avec eux ; et qu'après avoir capitulé en vainqueur avec le Sultan pour partir, il a capitulé en maître avec Londres pour le laisser passer. Sur-tout si, comme tâchent de nous l'insinuer d'autres nouvelles arrivées de Lyon, de Toulon, de Fréjus, on prétend appercevoir aujourd'hui soixante voiles qui ramènent l'armée d'Egypte. il est vrai que l'arrivée de ces soixante voiles donnerait le plus rude soufflet a la prétendue relation de Bonaparte par laquelle il a cantonné en partant toutes ses troupes d'Egypte, réglé tout ce quelles ont à faire, nommé Kléber pour les y commander et tenir en bon ordre, et payé d'avance une année de leur solde. D'ailleurs ne sait-on pas que toute puissance qui fait la guerre seule peut aussi faire la paix seule et quand il lui plaît, mais que toute puisssnce coalisée ne peut faire la paix qu'avec le consentement de ses coalliés. Que Bonaparte ait échappé seul a la vigilance Anglaise et a tous les vaisseaux qui couvrent la mer, passons cela. Sil y a difficulté, il n'y a pas impossibilité. Mais que les soixante voiles ramènant toute l'armée Franco-égyptienne traversent ainsi en pleine sécurité toute la Méditerranée à la face des Anglais, etc. Ce serait en vérité sortir du cercle de toutes les probabilités admissibles.

Si Bonaparte n'est qu'un fuyard, arrivé par le plus heureux des hasards, soit qu'il ait été requis par Sieyes, soit qu'il l'ait été par l'ancien directoire, soit que de son propre mouvement il cherchât tous les jours l'instant de pouvoir s'évader, soit que son désir et son besoin de sortir d'Egypte fussent tels que son armée le gardât à vue pour s'opposer a son départ et que Kléber le premier général de cette expédition après lui fût le plus vigilant de ses gardiens, telle que soit enfin celle de ces hypothèses qu'il vous plaira de choisir, certes si son arrivée n'est qu'un évènement imprévu, ou une fuite soit forcée, soit volontaire il n'y a rien a expliquer, a débrouiller, a développer; car alors les premiers et les plus surpris de son retour ce sont les conseils et le directoire eux-mêmes. Toute recherche pour déviner ce qu'on a voulu en faire et pourquoi on l'a fait venir devient dès lors superflue et même absurde.

Ce sont donc uniquement toutes les autres hypothèses qu'il falloit chercher à saisir et à expliquer, et c'est ce que je crois avoir fait.

La plus probable assurément est que Syeies, revenu de son ambassade avec ses instructions positives, ayant, avec Barras, au 30 prairial, manqué le coup nécessaire pour parvenir à les exécuter, et s'étant tout-à-coup, par la plus ridicule et la plus fatale des combinaisons, trouvé entouré d'un directoire jacobin, d'un conseil des cinq cens despotisé par des terroristes, d'un autre conseil paralysé, d'autorités constituées gangrenées; ensuite d'une stagnation, d'une impuissance, d'une inertie, d'une lâcheté presque universelles, a senti un pressant besoin de trouver dans Bonaparte miraculeusement revenu, une machine électrique qui pût faire jaillir la vivifiante étincelle. Cela conçu, il a fallu mettre tout en œuvre pour parvenir à retrouver, à ob-

tenir

tenir , à reprendre , à ramener Bonaparte : et on y est parvenu.

REMARQUE.

Avec une grande recherche et une profonde analyse de toutes les probabilités et de tous les faits, je ferois un gros livre. Mais il s'agit en ce jour au contraire de faire une feuille très-volante , pour qu'elle aille dans toutes les mains et qu'elle soit lue par tout le monde. Cependant je ne m'en tiendrai pas là si on me donne lieu de le croire utile ; et de ne pas m'en repentir.

Post-Scriptum. Je rends en ce lieu un signalé service à des milliers d'honnêtes gens , tous déconcertes partant de nouvelles et qui finissent par ne savoir que répondre ni aux lourds dissertateurs , ni aux subtils orateurs , ni aux fatiguants politiques , ni aux rusés imposteurs , ni aux ennuyeux gobe-mouches , ni enfin à tous les insupportables bavards de toutes les classes. Ils trouveront ici la matière première d'un million de réponses.

Note relative à Page 5 , ligne 2.

(a) Je rappelle que ceci a été écrit les premiers jours de l'arrivée de Bonaparte à Paris, lorsque personne ne savoit , ne comprenoit rien du tout encore à ce nouvel événement ; or donc , que ce soit dans un bâtiment Anglais, Français , ou Turc qu'il ait fait la traversée , tout est égal , tout dépend des conventions, et pour le fonds , revient au même.

Note relative à Page 6 , ligne 12.

(c) Car c'est à force de triomphes qu'elle doit voir reculer la paix qu'elle ne peut obtenir de l'Europe que par des défaites, ou par un sage retour au véritable ordre des choses, et cette HOMICIDE RÉPUBLIQUE, qui s'y oppose est sans contredit la plus funeste ennemio de la VÉRITABLE FRANCE.

La première suite immédiate de ceci aura pour titre :

Les trois Logiques comparées et mises en opposition.

La Logique des nouvelles non proclamées.

La Logique des nouvelles proclamées.

La Logique du sens commun.

Les résultats naturels de ce rapprochement présenteront des apperçus aussi singuliers que lumineux snr notre position générale effective , sur les prestiges dont nous sommes entourés , et sur l'incroyable facilité , pour ne rien dire de plus , avec laquelle nous les admettons tous les uns après les autres , sans aucun examen , sans aucune discussion , lors même qu'ils s'entre-détruisent de la manière la plus solemnelle.

Le troisième écrit s'appellera :

Explication du grand Logogriphe actuel :

Ces trois objets formeront l'introduction préparatoire , ou en quelque sorte les trois premiers numéros d'un écrit périodique , dont il paraîtra librement nn nombre déterminé par mois, sous le nom de

L'Accusateur des journaux :

ou

Le Miroir des contradictions et des absurdités :

et

L'Explicateur des Enigmes morales et politiques.